Fröhlich-buntes für den Sommer im „Flower-Power"-Stil

Der achte Häkelguide von myboshi ist da: diesmal mit fünf herzerwärmenden Ideen für die coolen Kleinen – in den aktuellen Trendfarben unserer beliebten Garne! Die meisten von euch sind inzwischen geübt, aber auch Einsteiger finden wieder Grundanleitungen zu den verschiedenen Maschen, bevor sie sich an folgenden Designs versuchen können:

Die süße Sommerboshi mit kleinen Häkelapplikationen zum Annähen – einem Herzchen für die Mädels und einem Auto für die Jungs! (in der myboshi-App fürs Smartphone findet ihr außerdem die Anleitungen für ein Segelboot und einen Schmetterling)

Der treue Wegbegleiter „Kraki", ein lustiger Krake zum Liebhaben und ein weiteres Kuscheltier im myboshi-Sortiment!

Ein zartes, gestreiftes Trägerkleid für die kleinen Ladies – mit aufgesetzten Taschen und kleinen Herzapplikationen auf der Vorderseite.

Der Kinderrucksack zeigt sein Gesicht in zwei Variationen – ein Design für die kleinen Damen, mit langen Haaren und eines für die kleinen Herren, als Jungengesicht.

Eine Winterboshi darf natürlich nicht fehlen: die „Kanuma Kids"! Anders als bei den meisten Boshis bisher, verlaufen ihre bunten Streifen längs, wodurch sie ein ganz neues Design erhält.

Viel Spaß und Freude wünschen wir allen Muttis, Omis, Tanten und auch allen anderen, die den Kleinen einzigartige Geschenke machen wollen! :)

Häkel - Grundanleitung

...immer locker bleiben

#1 Der Anfang

Bild 1: Den Faden um den Zeigefinger der linken Hand legen.

Bild 2: Im zweiten Schritt das Fadenende von vorne um den Daumen legen, damit eine Schlinge entsteht. In die Schlinge wird nun von unten mit der Häkelnadel eingestochen, der Arbeitsfaden mit dem Haken aufgenommen und nach unten durchgezogen. Nun den Daumen aus der Schlinge nehmen und das Fadenende anziehen. Fertig ist die erste Luftmasche! Darauf achten, dass der Arbeitsfaden auf der Nadel bleibt, wenn man diese durch die Daumenschlinge zieht.

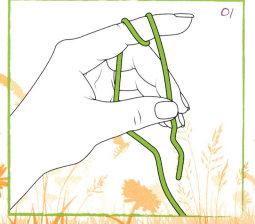

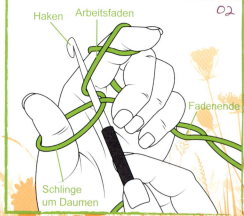

Bild 3: Den Arbeitsfaden um die Finger der linken Hand legen. Dies reguliert die **Fadenspannung** während des Häkelns. Hält man die Finger fest zusammen, läuft der Faden schwerer. Bei lockerer Haltung gleitet er leicht hindurch.

Bild 4: Die erste Schlinge mit dem Daumen und Mittelfinger festhalten und den Faden durch die Schlinge ziehen.

Bild 5: Fortan wiederholen bis die gewünschte Anzahl an Luftmaschen erreicht ist. Immer wieder mit dem Daumen und Mittelfinger, die Luftmaschenkette festhalten, damit genug Spannung auf der immer länger werdenden Luftmaschenkette liegt.

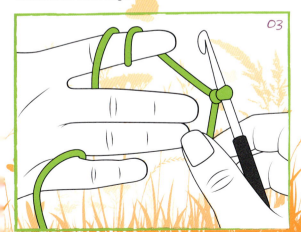

#2 Die feste Masche

Mit der Häkelnadel in die nächste Masche einstechen und den Faden durch diese holen. Wichtig dabei ist, dass 2 Schlingen der Masche über der Nadel liegen und sich eine Schlinge unter der Nadel befindet.

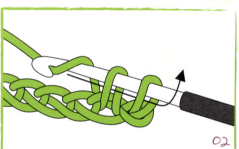

Es befinden sich nun 2 Schlingen auf der Nadel. Den Faden wieder mit der Nadel aufnehmen (das nennt man auch Umschlag) und durch diese beiden Schlingen ziehen. Fertig ist die erste feste Masche!

In die nächste Masche einstechen und den Faden durch die Schlinge ziehen. Es befinden sich wieder 2 Schlingen auf der Nadel. Faden mit der Nadel aufnehmen und wieder durch beide Schlingen ziehen.

#3 Das halbe Stäbchen

Vor dem Einstechen in die nächste Masche wird der Faden einmal um die Häkelnadel gelegt. So liegen vor dem Einstechen schon 2 Schlingen auf der Nadel. Nun in die Masche einstechen, den Faden aufnehmen und durch diese Masche hindurchziehen.

Es liegen nun 3 Schlingen auf der Häkelnadel. Faden erneut aufnehmen und durch alle 3 Schlingen ziehen.

Nun ist das erste halbe Stäbchen fertig! Fortan wiederholen.

#4 Das einfache Stäbchen

Faden vor dem Einstechen in die Luftmasche einmal um die Nadel legen (einen Umschlag machen). In die Masche einstechen und den Faden durch diese hindurchziehen. Es liegen nun 3 Schlingen auf der Häkelnadel.

Faden mit der Nadel aufnehmen und durch die ersten beiden auf der Nadel liegenden Schlingen ziehen. Es liegen nun 2 Schlingen auf der Häkelnadel.

Faden wieder mit der Nadel aufnehmen und durch die beiden noch auf der Nadel liegenden Schlingen ziehen. Fertig ist das erste Stäbchen! Fortan wiederholen.

#5 Die Kettmasche

Mit der Häkelnadel in die Masche einstechen, den Faden aufnehmen und durch die bereits auf der Nadel liegende Schlinge ziehen.

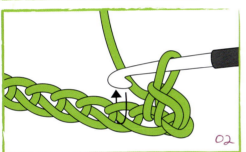

Den Vorgang fortan wiederholen. Kettmaschen werden oft am Ende einer Häkelarbeit als Umrandung dieser verwendet.

Der Anfang einer Boshi

Zu Beginn werden 4 Luftmaschen angeschlagen und mit einer Kett- und Luftmasche zu einem Ring geschlossen.

Siehe Bild 1 - 5.

Arbeitsfaden mit der Nadel holen und durch die 1. Luftmasche ziehen.

Luftmaschenkette mit 4 Luftmaschen.

So sieht es aus, wenn der Arbeitsfaden durch die 1. Luftmasche gezogen wird. Was jetzt auf der Nadel liegt, ist die Kettmasche.

In die 1. Luftmasche der Kette einstechen.

Nun den Arbeitsfaden erneut auf die Nadel nehmen (= Umschlag machen) und durch die Kettmasche ziehen.

Die erste Runde
(1. Farbe = 12 halbe Stäbchen)

Beispiel: halbe Stäbchen im Anfangsring.

Siehe Bild 1 - 5.

Arbeitsfaden wieder von unten mit der Nadel holen und durch alle 3 Schlingen ziehen.

Einen Umschlag von unten um die Nadel machen.

Fertig ist das erste halbe Stäbchen.

Mit der Nadel in den Anfangsring einstechen, dann von unten den Arbeitsfaden auf die Nadel holen und durch die Einstichstelle ziehen.

Hier siehst du alle 12 halbe Stäbchen im Anfangsring.

Die Anleitung zur Applikation „Schmetterling" findest du in der myboshi App.

Die Boshi Takatsuki ist in der dünnen,
luftigen Version perfekt für Kinder jeden Alters.

F ist die Abkürzung für Farbe
Rd ist die Abkürzung für Runde

Nadeln:
myboshi Häkelnadel 4,5 mm, Stick-/Vernähnadel

Material:
myboshi Wolle No.2 oder No.4

Farben:		**oder:**
F1 463 violett	40 g	F1 432 signalrot
F2 437 aprikose	10 g	F2 451 himmelblau

Farben sind auch frei wählbar!!!

Maschenprobe:
10 x 10 cm = 16 halbe Stäbchen x 10 Reihen

Größe:
Größe S (47 - 51 cm)
Größe M (52 - 56 cm)

Arbeitszeit: ca. 2,5 h

Übersicht Farbfolge

Für Größe S:		Für Größe M:	
F1:	1. - 13. Rd	F1:	1. - 14. Rd
F2:	14. Rd	F2:	15. Rd
F1:	15. Rd	F1:	16. Rd
F2:	16. Rd	F2:	17. Rd
F1:	17. Rd	F1:	18. Rd
Abschlussrunde:		Abschlussrunde:	
F1 oder F2:	18. Rd	F1 oder F2:	19. Rd

Erklärungen

Die Boshi Takatsuki wird mit halben Stäbchen und als Highlight im unteren Drittel mit nur in die hintere Maschenschlinge eingestochenen halben Stäbchen gehäkelt. Als Abschlussrunde kommen noch feste Maschen dazu.

Anleitung

Anfang oben gilt für Größe S und M

Mit F1 4 Luftmaschen anschlagen und zu einer Runde schließen. Dabei in die 1. Luftmasche einstechen und mit 1 Kettmasche zu einem kleinen Ring schließen. Anschließend 1 Luftmasche häkeln und mit der 1. Rd beginnen. (Kettmasche fest anziehen, Luftmasche ein bisschen lockerer lassen.)

Runden werden geschlossen, um einen Versatz beim Farbwechsel zu vermeiden. **Bei einem Farbwechsel** von vorne in die erste Masche (halbes Stäbchen) stechen und die Kettmasche mit der alten Farbe und die Luftmasche mit der neuen Farbe bilden.
Das 1. halbe Stäbchen in die gleiche Einstichstelle wie Kett- und Luftmasche arbeiten.

Anleitung

*Fortan wird nun mit **halben Stäbchen** gearbeitet, die hier als „Maschen" bezeichnet werden.*

Aufgepasst! Da Kinder eine farbenfrohe Boshi lieben, kann bei der Abschlussrunde auch ein weiterer Farbakzent mit F2 gesetzt werden.

Größe S

Farbe	Runde	Beschreibung	Anzahl Maschen in Rd
F1	1.	in den Ring vom Anfang 12 Maschen arbeiten	12
F1	2.	jede Masche doppeln,	
		d.h. 2 Maschen in 1 Einstichstelle arbeiten	24
F1	3.	1 Masche einfach häkeln, 1 Masche doppeln	36
F1	4.	2 Maschen einfach häkeln, 1 Masche doppeln	48
F1	5.	3 Maschen einfach häkeln, 1 Masche doppeln	60
F1	6. - 13.	jede Masche einfach häkeln	60

Tipp: Da jeder etwas anders häkelt, kann es sein, dass diese Boshi gerade bei Kindern, manchmal ein bisschen zu lang wird. Daher am besten vor Beginn der farbigen Runden Boshi aufprobieren lassen und danach entscheiden, ob man zusätzliche oder weniger Runden benötigt.

Farbe	Runde	Beschreibung	Anzahl Maschen in Rd
F2	14.	jede Masche einfach häkeln jedoch nur in die hintere Maschenschlinge einstechen	60
F1	15.	wie Rd 14 häkeln	60
F2	16.	wie Rd 14 häkeln	60
F1	17.	wie Rd 14 häkeln	60
F1 oder F2	18.	Abschlussrunde/Rückrunde: In die entgegengesetzte Maschenrichtung feste Maschen häkeln. D.h. Boshi einfach mit der letzten auf der Nadel liegenden Schlinge um die eigene Achse drehen und häkeln.	
		Ende Größe S	60

Größe M

Farbe	Runde	Beschreibung	Anzahl Maschen in Rd
F1	1. - 5.	siehe Größe S	12 - 60
F1	6.	14 Maschen einfach häkeln, 1 Masche doppeln	64
F1	7. - 14.	jede Masche einfach häkeln	64

Tipp: Hier kann der Tipp von Größe S angewendet werden

Farbe	Runde	Beschreibung	Anzahl Maschen in Rd
F2	15.	jede Masche einfach häkeln, jedoch nur in die hintere Maschenschlinge einstechen	64
F1	16.	wie Rd 15 häkeln	64
F2	17.	wie Rd 15 häkeln	64
F1	18.	wie Rd 15 häkeln	64
F1 oder F2	19.	Abschlussrunde/Rückrunde: In die entgegengesetzte Maschenrichtung feste Maschen häkeln. D.h. die Boshi einfach mit der letzten auf der Nadel liegenden Schlinge um die eigene Achse drehen und häkeln.	
		Ende Größe M	64

Fertigstellung

Alle Fäden nach ca. 15 cm abschneiden und gut vernähen.

Farben:
421 limettengrün F1
462 magenta F2

Farben:
F1 455 marine
F2 421 limettengrün

Die Anleitung zur Applikation „Segelboot" findest du in der myboshi App.

Applikation Auto

Zur Verzierung von Boshi´s, Accessoires oder Kleidung hervorragend geeignet und macht somit vieles zum Unikat.

F ist die Abkürzung für Farbe
Rd ist die Abkürzung für Runde
R ist die Abkürzung für Reihe

Nadeln:
myboshi Häkelnadel 4,5 mm,
Stick-/Vernähnadel

Material:
myboshi Wolle No.2 oder No.4

Farben:

F1 273 karamell	2 g	
F2 253 ozeanblau	2 g	

Farben sind auch frei wählbar!!!

Arbeitszeit: ca. 0,5 h

Erklärungen

Die Applikation besteht aus der Karosserie und den beiden Reifen. Sie wird in Hin- und Rückreihen mit halben Stäbchen und doppelten Stäbchen gehäkelt. Am Ende wird alles zusammengenäht.

doppeltes Stäbchen
siehe Erklärungen bei der Applikation „Herz"

Anleitung

Karosserie Anfang unten

Mit F1 9 Luftmaschen + 1 Wendeluftmasche anschlagen
Aufgepasst! Die Wendeluftmasche am Ende jeder Reihe nicht vergessen!
Fortan wird nun mit halben Stäbchen gearbeitet, die hier als „Maschen" bezeichnet werden.

Farbe	Reihe	Beschreibung	Anzahl Maschen in Rd
F1	1. + 2.	jede Masche einfach häkeln	9
F1	3.	4 Maschen einfach häkeln, 4 Luftmaschen häkeln, dafür die nächsten 2 Maschen auslassen und in die 7. Masche 1 doppeltes Stäbchen häkeln, 1 doppeltes Stäbchen häkeln, 4 Luftmaschen häkeln und in die letzte Masche der Reihe die Luftmaschenkette mit 1 Kettmasche befestigen.	
Bitte wenden			
F1	4.	nun alle Maschen mit festen Maschen nochmal umhäkeln, bis zum Anfang des Gehäkelten (Front des Autos!)	

Auf die letzte Masche nun noch 1 Luftmasche setzen, Faden nach ca. 15 cm abschneiden und durch die letzte Schlinge ziehen.

Reifen

Mit F2 4 Luftmaschen anschlagen und zu einer Runde schließen. Dabei in die 1. Luftmasche einstechen und mit 1 Kettmasche zu einem kleinen Ring schließen. Anschließend 1 Luftmasche häkeln.

Farbe	Runde	Beschreibung	Anzahl Maschen in Rd
F2	1.	in den Ring vom Anfang 6 Maschen arbeiten	6

Den Vorgang für den 2. Reifen noch 1mal wiederholen.

Fertigstellung

Alle Fäden gut vernähen. Anschließend noch die beiden Reifen wie gewünscht am Auto annähen. Wer möchte, kann an der Front des Autos noch ein Licht einsticken.

SKILLS

Schnell gemachte Verzierung die jeden Gegenstand zu etwas Besonderem macht.

F ist die Abkürzung für Farbe
Rd ist die Abkürzung für Runde

Nadeln:
myboshi Häkelnadel 4,5 mm,
Stick-/Vernähnadel

Material:
myboshi Wolle No.2 oder No.4

Farben:
F1 261 candy purpur   1 g
Farben sind auch frei wählbar!!!

Arbeitszeit: ca. 0,25 h

Erklärungen

Das Herz wird mit einer Kombination aus Luftmaschen, doppelten und 3-fach Stäbchen gehäkelt.

doppeltes Stäbchen

2 Umschläge auf die Nadel machen, in die Einstichstelle einstechen, Faden durchholen, erneut den Arbeitsfaden holen und durch die ersten beiden Schlingen, die auf der Nadel liegen, ziehen. Nun noch 2mal den Arbeitsfaden holen und jeweils durch 2 Schlingen auf der Nadel ziehen bis nur noch 1 Schlinge übrig bleibt.

3-fach Stäbchen

3 Umschläge auf die Nadel machen, in die Einstichstelle einstechen, Faden durch holen, erneut den Arbeitsfaden holen und durch die ersten beiden Schlingen, die auf der Nadel liegen, ziehen. Nun bis alle Schlingen aufgebraucht sind, jeweils Arbeitsfaden holen und immer durch 2 der Schlingen, die auf der Nadel liegen ziehen bis nur noch 1 Schlinge übrig bleibt.

Anleitung
Anfang in der Mitte

Mit F1 4 Luftmaschen anschlagen und zu einer Runde schließen. Dabei in die erste Luftmasche einstechen und mit 1 Kettmasche zu einem kleinen Ring schließen. Anschließend 1 Luftmasche häkeln.

Farbe	Runde	Beschreibung	Anzahl Maschen in Rd
F1	1.	in den Ring vom Anfang	
		4 Luftmaschen häkeln, 4 3-fach Stäbchen,	
		3 doppelte Stäbchen, 2 3-fach Stäbchen,	
		3 doppelte Stäbchen, 4 3-fach Stäbchen,	
		4 Luftmaschen häkeln	16 Stäbchen

Anschließend mit 1 Kettmasche die 4 Luftmaschen im Ring schließen.

Fertigstellung
Alle Fäden gut vernähen.

Kraki

SKILLS

Für die kleinen Boshi Fans gibt es ab sofort zu Harald auch unsere Kraki. Wer sie kennt muss einfach mit ihr kuscheln.

F ist die Abkürzung für Farbe
Rd ist die Abkürzung für Runde

Nadeln:

myboshi Häkelnadel 6,0 mm, Stick-/Vernähnadel

Material:

myboshi Wolle No.1 oder No.3, Füllmaterial

Farben:

| F1 | 352 türkis | 400 g |
| F2 | 321 limettengrün | 30 g |

Farben:

| F1 | 161 candy purpur | 265 g |
| F2 | 131 orange | 20 g |

Farben sind auch frei wählbar!!!

Maschenprobe:

10 x 10 cm = 12 halbe Stäbchen x 8 Reihen

Größe:

Höhe: ca. 30 cm, Umfang: ca. 84 cm

Arbeitszeit: ca. 5 h

Erklärungen

Alle Teile der Krake werden jeweils mit halben Stäbchen gehäkelt. Kopf, Unterseite und Arme näht man anschließend zusammen. Die Wuschelhaare aus Wolle werden am Ende am Kopf angenäht.

doppeltes Stäbchen
siehe Erklärungen bei Applikation „Herz"

halbe Stäbchen zusammen abmaschen
1 Umschlag machen, einstechen, Faden holen. Es liegen 3 Schlingen auf der Nadel. Erneut 1 Umschlag machen, in die nächste Einstichstelle stechen, Faden holen und anschließend den Arbeitsfaden durch alle 5 auf der Nadel liegenden Schlingen ziehen.

Anleitung
Kopf

Anfang oben

Mit F1 4 Luftmaschen anschlagen und zu einer Runde schließen. Dabei in die erste Luftmasche einstechen und mit 1 Kettmasche zu einem kleinen Ring schließen. Anschließend 1 Luftmasche häkeln.

Aufgepasst! Kraki´s Kopf wird in der Schnecke gehäkelt.
Solltest Du Dir schwer tun die 1. Masche jeder neuen Runde zu finden, kannst Du sie mit einer Sicherheitsnadel kennzeichnen.

Fortan wird nun mit halben Stäbchen gearbeitet, die hier als „Maschen" bezeichnet werden.

Farbe	Runde	Beschreibung	Anzahl Maschen in Rd
F1	1.	in den Ring vom Anfang 11 Maschen arbeiten	11
F1	2.	jede Masche doppeln, d.h. 2 Maschen in 1 Einstichstelle arbeiten	22
F1	3.	1 Masche einfach häkeln, 1 Masche doppeln	33
F1	4.	2 Maschen einfach häkeln, 1 Masche doppeln	44
F1	5.	3 Maschen einfach häkeln, 1 Masche doppeln	55
F1	6.	jede Masche einfach häkeln	55
F1	7.	7 Maschen einfach häkeln, 1 Masche doppeln	61
F1	8.	jede Masche einfach häkeln	61
F1	9.	9 Maschen einfach häkeln, 1 Masche doppeln	67
F1	10.	9 Maschen einfach häkeln, 1 Masche doppeln	73
F1	11.	9 Maschen einfach häkeln, 1 Masche doppeln	80
F1	12.	jede Masche einfach häkeln	80
F1	13.	7 Maschen einfach häkeln, 1 Masche doppeln	90
F1	14.	jede Masche einfach häkeln	90
F1	15.	jede Masche einfach häkeln und dabei jede 9. + 10. Masche zusammen abmaschen	82

Farbe	Runde	Beschreibung	Anzahl Maschen in Rd
F1	16.	jede Masche einfach häkeln und dabei jede 9. + 10. Masche zusammen abmaschen	74
F1	17.	jede Masche einfach häkeln und dabei jede 6. + 7. Masche zusammen abmaschen	64
F1	18.	jede Masche einfach häkeln	64
F1	19.	jede Masche einfach häkeln und dabei jede 7. + 8. Masche zusammen abmaschen	57
F1	20.	jede Masche einfach häkeln	57
F1	21.	jede Masche einfach häkeln und dabei jede 9. + 10. Masche zusammen abmaschen	52
F1	22.	jede Masche einfach häkeln	52
F1	23.	jede Masche einfach häkeln und dabei jede 9. + 10. Masche zusammen abmaschen	47
F1	24. + 25.	jede Masche einfach häkeln	

In die nächste Einstichstelle 1 Kettmasche arbeiten und den Faden durch diese letzte Masche ziehen. Faden nach ca. 15 cm abschneiden.

Anleitung
Boden des Körpers

Anfang

Wie der Kopf von Kraki

Aufgepasst! Der Boden wird in der Schnecke gehäkelt. Solltest Du Dir schwer tun den Anfang zu finden, kannst Du ihn mit einer Sicherheitsnadel kennzeichnen.

Fortan wird nun mit halben Stäbchen gearbeitet, die hier als „Maschen" bezeichnet werden.

Farbe	Runde	Beschreibung	Anzahl Maschen in Rd
F1	1. - 4.	siehe Rd 1 - 4 bei Krakis Kopf	11 - 44
F1	5.	jede Masche einfach häkeln	44

In die nächste Einstichstelle 1 Kettmasche arbeiten und den Faden durch diese letzte Masche ziehen. Faden nach ca. 15 cm abschneiden.

Anleitung
Arme

Anfang oben

Funktioniert wie bei Krakis Kopf, nur werden hier die Runden immer mit 1 Kettmasche geschlossen auf die noch 1 Luftmasche gesetzt wird (Kettmasche fest anziehen, Luftmasche ein bisschen lockerer lassen).

Runden werden geschlossen, um einen Versatz beim Farbwechsel zu vermeiden.
Bei einem Farbwechsel von vorne in die erste Masche (halbe Stäbchen) einstechen und die Kettmasche mit der alten Farbe und die Luftmasche mit der neuen Farbe bilden.
Das 1. halbe Stäbchen in der gleichen Einstichstelle wie Kett- und Luftmasche arbeiten.

Fortan wird nun mit halben Stäbchen gearbeitet, die hier als „Maschen" bezeichnet werden.

Farbe	Runde	Beschreibung	Anzahl Maschen in Rd
F1	1.	in den Ring vom Anfang 11 Maschen arbeiten	11
F1	2.	jede Masche doppeln, d.h. 2 Maschen in 1 Einstichstelle arbeiten	22
F1	3.	jede Masche einfach häkeln	22
F1	4.	jede Masche einfach häkeln und dabei jede 8. + 9. Masche zusammen abmaschen	20
F2	5.	jede Masche einfach häkeln und dabei jede 5. + 6. Masche zusammen abmaschen	17
F1	6.	jede Masche einfach häkeln und dabei jede 4. + 5. Masche zusammen abmaschen	14
F2	7.	jede Masche einfach häkeln	14
F1	8. - 13.	jede Masche einfach häkeln	14

In die nächste Einstichstelle 1 Kettmasche arbeiten und den Faden durch diese letzte Masche ziehen. Faden nach ca. 25 cm abschneiden.
Tipp: Der Endfaden kann zum Annähen der Arme an der Krake benutzt werden.

Den Vorgang für weitere Arme noch 4mal wiederholen.

Anleitung
Augen

Anfang
Beide Augengrößen beginnen wie folgt:
Mit F1 4 Luftmaschen anschlagen und zu einer Runde schließen. Dabei in die erste Luftmasche einstechen und mit 1 Kettmasche zu einem kleinen Ring schließen. Anschließend für die großen Augen 2 Luftmaschen häkeln und für die kleinen Augen 1 Luftmasche.

groß

Farbe	Runde	Beschreibung	Anzahl Maschen in Rd
F2	1.	in den Ring vom Anfang 15 doppelte Stäbchen arbeiten	15

In die nächste Einstichstelle 1 Kettmasche arbeiten und den Faden durch diese letzte Masche ziehen. Vorgang für das 2. Auge wiederholen. Faden nach ca. 20 cm abschneiden.
Tipp: Der Endfaden kann zum Annähen der Augen an der Krake benutzt werden.

klein

Farbe	Runde	Beschreibung	Anzahl Maschen in Rd
F1	1.	in den Ring vom Anfang 6 halbe Stäbchen arbeiten	6

In die nächste Einstichstelle 1 Kettmasche arbeiten und den Faden durch diese letzte Masche ziehen. Vorgang für das 2. Auge wiederholen. Faden nach ca. 20 cm abschneiden.
Tipp: Der Endfaden kann zum Annähen am großen Auge benutzt werden.

Fertigstellung

Zuerst alle Fäden gut vernähen. Anschließend können die einzelnen Teile aneinander
genäht werden.

1. Den Kopf mit Watte oder anderem Füllmaterial füllen. Anschließend die Unterseite an den
Kopf annähen.
Tipp: Wer möchte kann auch statt zu nähen die Unterseite mit Kettmaschen an den Kopf häkeln.

2. Danach die 5 Arme mit Watte oder anderem Füllmaterial befüllen und anschließend an den Kopf nähen. Die Arme können in beliebigen Abständen zueinander angenäht werden.

3. Zum Schluss noch die Augen zuerst an einander und dann an Kraki annähen.
Die Haare (aus der Restwolle, oder auch anderen Wollresten) mit der Vernähnadel oder
der Häkelnadel mehrfach durch den Kopf ziehen.

Häkelkleid

Unser Häkelkleid eignet sich perfekt für den Sommer und stiehlt jedem anderen Kleid dank seines farbenfrohen Designs die Schau. Jedes Kleid ist ein Unikat und daher ein „Muss" für kleine Ladys.

F ist die Abkürzung für Farbe
Rd ist die Abkürzung für Runde
R ist die Abkürzung für Reihe

Nadeln:

myboshi Häkelnadel 4,5 mm, Stick-/Vernähnadel

Material:

myboshi Wolle No.2 oder No.4, 2 Knöpfe für die Träger

Farben:

			oder:	
F1	462 magenta	75 g	F1	493 silber
F2	451 himmelblau	50 g	F2	437 aprikose
F3	421 limettengrün	70 g	F3	461 candy purpur
F4	263 violett	20 g	F4	462 magenta

Farben sind auch frei wählbar!!!

Maschenprobe:

10 x 10 cm = 16 halbe Stäbchen x 10 Reihen

Größe: 110/116

Arbeitszeit: ca. 8 h

Erklärungen

Das Kleid beginnt am Saum und wird mit halben Stäbchen, einfachen Stäbchen und Kreuzstäbchen gehäkelt. Die Träger bestehen aus festen Maschenreihen.

Kreuzstäbchen

Ein Kreuzstäbchen besteht aus 2 einfachen Stäbchen, die über Kreuz – ganz normal von vorne eingestochen - gehäkelt werden. Dazu zunächst 1 Einstichstelle überspringen und in die nächste Einstichstelle 1 einfaches Stäbchen häkeln. Jetzt geht es zur übersprungenen Einstichstelle zurück: 1 Umschlag auf die Nadel machen und hinter dem bereits gehäkelten einfachen Stäbchen, aber trotzdem von vorne in die übersprungene Einstichstelle stechen und 1 einfaches Stäbchen häkeln.

einfache Stäbchen zusammen abmaschen

1 Umschlag machen, einstechen, Faden holen. Es liegen 3 Schlingen auf der Nadel. Erneut 1 Umschlag machen und durch die ersten beiden auf der Nadel liegenden Schlingen ziehen.
Es liegen nun noch 2 Schlingen auf der Nadel. Erneut 1 Umschlag machen, in die nächste Einstichstelle stechen, Faden holen und den Arbeitsfaden durch 2 Schlingen ziehen. Es sind noch 3 Schlingen auf der Nadel. Erneut den Faden holen und durch die 3 Schlingen ziehen.

halbe Stäbchen zusammen abmaschen

siehe Erklärungen bei „Kraki"

Anleitung
Kleid

Anfang unten am Saum

Mit F1 120 Luftmaschen anschlagen und mit 1 Kettmasche zu einer Runde schließen. Dabei in die 1. Luftmasche einstechen und mit 1 Kettmasche zu einem kleinen Ring schließen. Anschließend 1 Luftmasche häkeln und mit der 1. Rd beginnen. (Kettmasche fest anziehen, Luftmaschen ein bisschen lockerer lassen.)

Runden werden geschlossen, um einen Versatz beim Farbwechsel zu vermeiden.
Bei einem Farbwechsel von vorne in die 1. Masche (einfaches Stäbchen, halbes Stäbchen oder feste Masche) stechen und die Kettmasche mit der alten Farbe und die Luftmasche mit der neuen Farbe bilden. Die 1. Masche in der gleichen Einstichstelle wie Kett- und Luftmasche arbeiten.

Aufgepasst! Beginnt die Runde mit den Kreuzstäbchen oder einfachen Stäbchen werden 2 Luftmaschen gehäkelt und bei halben Stäbchen oder festen Maschen 1 Luftmasche.

Farbe	Runde	Beschreibung	Anzahl Maschen in Rd
F1	1.	halbe Stäbchen häkeln	120
F2	2.	einfache Stäbchen häkeln	120
F3	3.	60 Kreuzstäbchen häkeln	60 Kreuzstäbchen
F1	4.	halbe Stäbchen häkeln	120
F2	5.	einfache Stäbchen häkeln	120
F3	6.	einfache Stäbchen häkeln	120
F1	7.	halbe Stäbchen häkeln, jedes 11. + 12. zusammen abmaschen	110
F2	8.	einfache Stäbchen häkeln	110
F3	9.	Kreuzstäbchen häkeln	55 Kreuzstäbchen
F1	10.	halbe Stäbchen häkeln, jedes 10. + 11. zusammen abmaschen	100
F2	11.	einfache Stäbchen häkeln	100
F3	12.	einfache Stäbchen häkeln	100
F1	13.	halbe Stäbchen häkeln, jedes 9. + 10. zusammen abmaschen	90

Farbe	Runde	Beschreibung	Anzahl Maschen in Rd
F2	14.	einfache Stäbchen häkeln	90
F3	15.	Kreuzstäbchen häkeln	45 Kreuzstäbchen
F1	16.	halbe Stäbchen häkeln	90
F2	17.	einfache Stäbchen häkeln	90
F3	18.	einfache Stäbchen häkeln	90
F1	19.	halbe Stäbchen häkeln	90
F2	20.	einfache Stäbchen häkeln	90
F3	21.	Kreuzstäbchen häkeln	45 Kreuzstäbchen
F1 - F3	22. - 27.	Rd 16 - 21 wiederholen	90/45 Kreuzstäbchen
F1	28.	halbe Stäbchen häkeln, jedes 8. + 9. zusammen abmaschen	80
F2	29.	einfache Stäbchen häkeln	80
F3	30.	einfache Stäbchen häkeln	80
F1	31.	halbe Stäbchen häkeln	80
F2	32.	einfache Stäbchen häkeln	80
F3	33.	Kreuzstäbchen häkeln	40 Kreuzstäbchen
F1	34.	halbe Stäbchen häkeln, jedes 7. + 8. zusammen abmaschen	70
F2	35.	einfache Stäbchen häkeln, jedes 6. + 7. zusammen abmaschen	60
F3	36.	einfache Stäbchen häkeln	60
F1	37.	halbe Stäbchen häkeln	60
F2	38.	einfache Stäbchen häkeln	60
F3	39.	Kreuzstäbchen häkeln	30 Kreuzstäbchen
F1	40.	halbe Stäbchen häkeln	60
F1	41.	Abschlussrunde/Rückrunde: In die entgegengesetzte Maschenrichtung feste Maschen häkeln. D.h. das Kleid einfach mit der letzten auf der Nadel liegenden Schlinge um die eigene Achse drehen und häkeln.	60

Tipp: Ist das Kleid zu kurz, einfach ab der 40. Runde noch beliebig viele Runden mit halben Stäbchen häkeln.

Träger

Die Träger werden in Hin- und Rückreihen mit festen Maschen gehäkelt. Damit der Träger nicht zu sehr ausdehnt, wird immer ein Faden F2 zur Verstärkung mit eingehäkelt.

Mit F1 48 Luftmaschen + 1 Wendeluftmasche anschlagen
Aufgepasst! Die Wendeluftmasche nach jeder Reihe nicht vergessen!

Farbe	Reihe	Beschreibung	Anzahl Maschen in R
F1 + F2	1.	48 feste Maschen häkeln	48
F1 + F2	2. - 4.	jede feste Masche einfach häkeln	48

Aufgepasst! Zur Verstärkung des Gurtes wird nun der Faden von F2 mit eingehäkelt. Den eingehäkelten Faden immer fest anziehen, damit eine geringe Spannung entsteht.

Das Ganze noch 1mal für den zweiten Träger wiederholen.

Taschen

Die Taschen werden in Hin- und Rückreihen mit halben Stäbchen gehäkelt.
Dazu in F4 12 Luftmaschen + 1 Wendeluftmasche anschlagen.

Farbe	Reihe	Beschreibung	Anzahl Maschen in R
F4	1.	12 halbe Stäbchen häkeln, 1 Wendeluftmasche	12
F4	2. - 4.	jedes halbe Stäbchen einfach häkeln, Wendeluftmasche am Ende jeder Reihe häkeln	12
F4	5.	jedes halbe Stäbchen einfach häkeln, KEINE Wendeluftmasche	12
F4	6.	11 halbe Stäbchen häkeln, KEINE Wendeluftmasche	11
F4	7.	10 halbe Stäbchen häkeln, KEINE Wendeluftmasche	10
F4	8.	9 halbe Stäbchen häkeln, KEINE Wendeluftmasche	9
F4	9.	8 halbe Stäbchen häkeln	8

Aufgepasst! Durch das Weglassen der Wendeluftmasche in R 5 - 8 wird automatisch 1 Einstichstelle ausgelassen.

Das Ganze noch 1mal für eine zweite Tasche wiederholen.

Fertigstellung

Die Träger mittig auf der Vorderseite annähen und auf der Rückseite 2 Knöpfe zum Verstellen. Die Taschen auf der Vorderseite des Kleides annähen und alle restlichen Fäden gut vernähen.

Tipp: Zur Verzierung des Kleides können noch verschiedene Applikationen angenäht werden.

Tipp: Wenn das Kleid die Größe 122 haben soll, kann man statt der 120 Luftmaschen 150 anschlagen. Alle anderen Angaben bleiben gleich. Um das Kleid in dieser Größe zu verlängern ab der 22. Runde die Runden 16 - 21 nicht nur 1mal, sondern gleich 3mal wiederholen.

Kinderrucksack

SKILLS

Süßer kleiner Rucksack für Mädchen und damit die Jungs nicht neidisch sein müssen auf die Mädchen, gibt's unseren Kinderrucksack auch in einem frechen Design für Jungs.

F ist die Abkürzung für Farbe
Rd ist die Abkürzung für Runde
R ist die Abkürzung für Reihe

Nadeln:
myboshi Häkelnadel 4,5 mm,
Stick-/Vernähnadel, 4 Knöpfe

Material:
myboshi Wolle No.2 oder No.4,
verschiedene Wollreste für Augen und Mund

Farben:
F1	237 aprikose	95 g
F2	239 himbeere	25 g
F3	213 löwenzahn	30 g

Farben sind auch frei wählbar!!!

Farben:
F1	436 puder	95 g
F2	252 türkis	25 g
F3	274 kakao	25 g

Maschenprobe:
10 x 10 cm = 16 halbe Stäbchen x 10 Reihen

Arbeitszeit: ca. 8 h

Erklärungen

Die Rucksäcke Mädchen und Junge sind vom Aufbau her gleich. Sie unterscheiden sich lediglich in den Gesichtszügen und in den Haaren ;)

Das Gesicht des Rucksackes besteht aus zwei großen gehäkelten Kreisen die 2-fädig mit halben Stäbchen gehäkelt werden. Die Träger werden ebenfalls mit halben Stäbchen gehäkelt und werden am Ende zusammen mit dem Mund, den Augen und den Haaren am Rucksack angebracht.

Anleitung
Gesicht (Mädchen und Junge)

Anfang in der Mitte

Mit 2 Fäden von F1 4 Luftmaschen anschlagen und zu einer Runde schließen. Dabei in die 1. Luftmasche einstechen und mit 1 Kettmasche zu einem kleinen Ring schließen. Anschließend 1 Luftmasche häkeln und mit der 1.Rd beginnen. (Kettmasche fest anziehen, Luftmasche ein bisschen lockerer lassen.)

Aufgepasst! Die beiden Rucksackhälften werden in der Schnecke gehäkelt. Solltest Du Dir schwer tun den Anfang einer Runde zufinden, kannst Du ihn mit einer Sicherheitsnadel kennzeichnen.

Fortan wird nun mit halben Stäbchen gearbeitet, die hier als „Maschen" bezeichnet werden.

Anleitung
Gesicht

Farbe	Runde	Beschreibung	Anzahl Maschen in Rd
F1	1.	in den Ring vom Anfang 10 Maschen arbeiten	10
F1	2.	1 Masche einfach häkeln, 1 Masche doppeln	15
F1	3.	2 Maschen einfach häkeln, 1 Masche doppeln	20
F1	4.	3 Maschen einfach häkeln, 1 Masche doppeln	25
F1	5.	2 Maschen einfach häkeln, 1 Masche doppeln die letzte zu doppelnde Masche jedoch nur einfach häkeln	32
F1	6.	4 Maschen einfach häkeln, 1 Masche doppeln	38
F1	7.	3 Maschen einfach häkeln, 1 Masche doppeln	47
F1	8.	jede Masche einfach häkeln	47
F1	9.	3 Maschen einfach häkeln, 1 Masche doppeln	58
F1	10.	4 Maschen einfach häkeln, 1 Masche doppeln	69
F1	11.	jede Masche einfach häkeln	69

Das Ganze noch 1mal für die Rückseite wiederholen.

Träger

Mit F2 5 Luftmaschen und 1 Wendeluftmasche anschlagen

Aufgepasst! Da die Träger in Hin- und Rückreihen gehäkelt werden am Ende jeder Reihe die Wendeluftmasche nicht vergessen!

Farbe	Reihe	Beschreibung	Anzahl Maschen in R
F2	1. - 65.	jede Masche einfach häkeln	5

Den Vorgang für den 2. Träger noch ein weiteres Mal wiederholen.

Tipp: Wer möchte kann zur Verstärkung einen zusätzlichen Faden mit einhäkeln oder auch den Rand der Träger am Ende nochmal zusätzlich umhäkeln, dadurch werden die Träger stabiler.

Augen (Mädchen und Junge)

Mit Wollresten für die Augen 4 Luftmaschen anschlagen und zu einer Runde schließen. Dabei in die 1. Luftmasche einstechen und mit 1 Kettmasche zu einem kleinen Ring schließen. Anschließend 1 Luftmasche und 6 halbe Stäbchen in den Ring häkeln.

Den Vorgang für ein weiteres Auge noch 1mal wiederholen.

Mund (Mädchen und Junge)

Aus Wollresten eine beliebig lange Luftmaschenkette häkeln.
Tipp: Wer möchte, kann auch noch eine Reihe feste Maschen häkeln, je nachdem wie dick der Mund sein soll.

Backen (Mädchen)

Mit F2 4 Luftmaschen anschlagen und zu einer Runde schließen. Dabei in die 1. Luftmasche einstechen und mit 1 Kettmasche zu einem kleinen Ring schließen. Anschließend 1 Luftmasche und 8 halbe Stäbchen in den Ring häkeln.

Den Vorgang noch 1mal wiederholen.

Haare (Junge)

Für die Haare werden ca. 50 Luftmaschenketten benötigt. Jedoch kann die Anzahl variieren je nachdem wie viele Haare der Rucksack am Ende bekommen soll.

Dazu mit F3 ca. 16 - 18 Luftmaschen anschlagen. Vorgang 50mal oder bis genügend Haare vorhanden sind wiederholen.

Tipp: Die beiden Enden der Luftmaschenkette können zusätzlich auch noch einmal verknotet werden.

Haare (Mädchen)

Für die Haare werden verschiedene Luftmaschenketten verwendet. Der Pony benötigt ca. 20 Luftmaschenketten in F3 mit jeweils 16 – 18 Luftmaschen oder falls mehr Haare gewünscht werden dann mehr.

Für die Zöpfe werden in F3 85 Luftmaschen angeschlagen. Je nachdem wie dicht die Zöpfe werden sollen benötigt man dann mind. 16 oder mehr Luftmaschenketten.

Tipp: Die beiden Enden der Luftmaschenkette können zusätzlich auch noch einmal verknotet werden.

Schleife (Mädchen)

Zur Verzierung der Zöpfe werden noch Schleifen benötigt.
Dazu die Schleifen in Hin- und Rückreihen wie folgt häkeln:

Mit F2 oder Wollresten 3 Luftmaschen + 1 Wendeluftmasche anschlagen.

Farbe	Reihe	Beschreibung	Anzahl Maschen in R
F2 oder Wollreste	1. - 6.	feste Maschen häkeln	3

Aufgepasst! Die Wendeluftmache nach jeder Reihe nicht vergessen!

Für den 2. Zopf den Vorgang noch 1mal wiederholen.
Dann anschließend mittig einen Faden (z.B. F2 oder Wollreste) um die rechteckig gehäkelten Teile wickeln, damit die Schleifenform entsteht.

Fertigstellung

Zusammennähen der beiden Hälften (Mädchen und Junge)

Alle Fäden gut vernähen und anschließend die beiden Gesichtsteile aufeinander legen und am Rand entlang mit festen Maschen zusammenhäkeln oder aneinander nähen.

Aufgepasst! Die letzten 19 Maschen am oberen Rand nicht zusammennähen oder häkeln, da dies die Öffnung werden soll! (siehe Abb. 1.1 auf Seite 41)

Verschluss (Mädchen und Junge) (siehe Abb. 1.2 auf Seite 41)

Nun zu der Öffnung zurückkehren. An die Vorderseite wird nun der Verschluss angebracht. Dazu wie folgt vorgehen:

An der rechten Seite durch die erste übriggelassene Masche den Faden von F1 ziehen und 1 Luftmasche häkeln. In die gleiche Einstichstelle kommt jetzt noch 1 feste Masche. Als Nächstes noch 2 feste Maschen einfach häkeln. Anschließend 1 Luftmaschenkette mit 12 Luftmaschen häkeln, 6 Maschen abzählen und in die 7. Einstichstelle einstechen. Die Luftmaschenkette nun mit 1 Kettmasche befestigen. Für den Verschluss wird noch eine 2. Luftmaschenkette benötigt. Dazu nun erneut 12 Luftmaschen häkeln, wieder 6 Maschen abzählen, in die 7. Einstichstelle 1 feste Masche häkeln und damit die Kette befestigen. Nun noch in die übrig gebliebenen 2 Maschen jeweils 1 feste Masche häkeln.

Augen und Mund (Mädchen und Junge) (siehe Abb. 1.3 auf Seite 41)
Die Augen und den Mund an die gewünschte Stelle annähen.

Anbringen der Träger am Rucksack (Mädchen und Junge)
Der Rucksack wird nun auf die Rückseite umgedreht. Die einen Enden der Träger etwas oberhalb an der Rückseite des Kopfes leicht schräg annähen.
(siehe Abb. 2.1 auf Seite 41)

Nun die ersten beiden Knöpfe zur Befestigung der Träger an der Unterseite rechts und links unten an der Rückseite annähen.
(siehe Abb. 2.2 auf Seite 41)

Zum Schluss nun noch die anderen beiden Knöpfe oben in Höhe des Verschlusses (siehe Abb. 2.1 auf Seite 41) annähen.

Knüpfen der Haare (Mädchen)
An die Vorderseite werden jetzt die Haare angeknüpft. Erst der Pony, dann die Zöpfe. Dazu die Haare für den Pony (Luftmaschenkette) einmal zusammenlegen und die dadurch entstandene Schlaufe durch eine Masche oberhalb des Gesichtes ziehen. Anschließend die beiden Enden der Haare durch die Schlaufe fädeln. Gut festziehen. (siehe Abb. 3.1 auf Seite 41)

Nun folgen die Zöpfe. Dazu die langen Haare zusammenlegen und mit einem Faden von F3 das Bündel Haare in der Mitte umwickeln. Dies stellt den Scheitel dar. Nun den Scheitel mittig über den Pony auf das Gesicht legen und annähen. Ist der Scheitel fixiert, können die Haare auf beiden Seiten geflochten und die Zopfenden mit den Schleifen umwickelt werden.
(siehe Abb. 3.2 auf Seite 41)

Knüpfen der Haare (Junge)
funktioniert wie beim Mädchen. Nur mit kürzeren Haaren ;)
(siehe Abb.3.3 auf Seite 41)

Kanuma Kids

SKILLS

Seemann war gestern! Unsere Boshi Kanuma Kids besticht mit einem 3-farbig, senkrecht gehäkeltem, Rippenmuster.

F ist die Abkürzung für Farbe
R ist die Abkürzung für Reihe

Nadeln:
myboshi Häkelnadel 6,0 mm, Stick-/Vernähnadel

Material:
myboshi Wolle No.1 oder No.3,

Farben:
F1	121 limettengrün	40 g
F2	151 himmelblau	40 g
F3	172 ocker	40 g

oder:
F1	362 magenta	60 g
F2	322 grasgrün	60 g
F3	392 elfenbein	60 g

Farben sind auch frei wählbar!!!

Maschenprobe:
10 x 10 cm = 12 halbe Stäbchen x 8 Reihen

Größe:
Größe S (47 - 51 cm) Größe M (52 - 56 cm)

Arbeitszeit: ca. 4,5 h

Erklärungen

Die Boshi wird mit halben Stäbchen und Kettmaschen in Hin- und Rückreihen gehäkelt. Die halben Stäbchen werden ab der 2. Runde immer in die hintere Schlinge der vorherigen Reihe gehäkelt, damit eine Rippenoptik entsteht.

Anleitung

Anfang unten ist bei beiden Größen gleich

Der Faden am Anfang sollte mindestens 20 cm lang sein, damit die Boshi am Ende oben zusammen genäht werden kann.

Farben:
365 pflaume F1
331 orange F2
392 elfenbein F3

Anleitung

Größe S

Mit F1 31 Luftmaschen + 1 Wendeluftmasche anschlagen

Aufgepasst! Alle Fäden werden mit geführt und nicht nach jedem Farbwechsel abgeschnitten.

Farbe	Reihe	Beschreibung	Anzahl Maschen in R
F1	1.	3 Kettmaschen, 28 halbe Stäbchen einfach häkeln	31
F1	2.	28 halbe Stäbchen, 3 Kettmaschen häkeln	31

Aufgepasst! Stets in die hinteren Maschenschlingen einstechen und die Wendeluftmasche am Ende jeder Reihe nicht vergessen.

F2	3.	3 Kettmaschen, 28 halbe Stäbchen häkeln	31
F2	4.	28 halbe Stäbchen, 3 Kettmaschen häkeln	31
F3	5.	3 Kettmaschen, 28 halbe Stäbchen häkeln	31
F3	6.	28 halbe Stäbchen, 3 Kettmaschen häkeln	31
F1 - F3	7. - 30.	R 1 – 6 noch 4mal wiederholen	31
F1	31. + 32.	R 1 + 2 wiederholen	31
F2	33. + 34.	R 3 + 4 wiederholen	31

Den Faden von F2 nicht abschneiden. Dieser wird zum aneinander Häkeln der kurzen Kanten gebraucht.

Fertigstellung

Dazu zunächst die kurzen Kanten mit der Vorderseite nach innen aufeinander legen. Mit dem Faden F2 werden nun diese Kanten mit Kettmaschen zusammengehäkelt. Beginn bei den 3 Kettmaschen. Dabei von der letzten Reihe F2 in beide Maschenschlingen einstechen und von den Maschen der 1. Reihe nur eine Maschenschlinge hernehmen.
Nun den Faden von F2 abschneiden.

Den 20 cm langen Faden vom Anfang mit der Vernähnadel am schmalen Ende durch die Randmaschen fädeln, zusammenziehen und vernähen.
Alle restlichen Fäden gut vernähen.

Größe M

Mit F1 34 Luftmaschen + 1 Wendeluftmasche anschlagen

Aufgepasst! Alle Fäden werden mit geführt und nicht nach jedem Farbwechsel abgeschnitten.

Farbe	Reihe	Beschreibung	Anzahl Maschen in R
F1	1.	3 Kettmaschen, 31 halbe Stäbchen häkeln	34
F1	2.	31 halbes Stäbchen, 3 Kettmaschen häkeln	34

Aufgepasst! Stets in die hinteren Maschenschlingen einstechen und die Wendeluftmasche am Ende jeder Reihe nicht vergessen.

F2	3.	3 Kettmaschen, 31 halbe Stäbchen häkeln	34
F2	4.	31 halbe Stäbchen, 3 Kettmaschen häkeln	34
F3	5.	3 Kettmaschen, 31 halbe Stäbchen häkeln	34
F3	6.	31 halbe Stäbchen, 3 Kettmaschen häkeln	34
F1 – F3	7. - 36.	R 1 - 6 noch 5mal wiederholen.	

Fertigstellung

Diese funktioniert wie bei Größe S.
Beim letzten Faden handelt es sich nicht um F2, sondern um F3.

Tipp: Die Boshi kann sowohl als Beanie getragen werden oder als Seemannsmütze mit umgeschlagener Krempe.

Impressum
und Danke...

Wir danken der Firma H&W (www.hw-vertrieb.de) für das Bereitstellen der Wolle.

Impressum Angaben
Texte: Stiliana Doynova
Designs: myboshi GmbH
Fotos: PAULA BARTELS FOTODESIGN, Helmbrechts
Gestaltung: Designbüro Knüpfer, Konradsreuth
Druck: Wünsch Offset-Druck GmbH, Neumarkt

Materialangaben und Arbeitshinweise aus diesem Heft wurden sorgfältig geprüft, es kann jedoch keine Garantie für die Richtigkeit dieser übernommen werden. Das Heft und die darin enthaltenen Modelle/Fotos sind urheberrechtlich geschützt. Jede Vervielfältigung und Verbreitung durch Fotokopien oder der elektronischen Weiterverarbeitung sind untersagt.

1. Auflage
© 2014 myboshi GmbH, 95028 Hof
ISBN: 978-3-944778-23-5